skola - škola	2
resa - putovanje	5
transport - transport	8
stad - grad	10
landskap - krajolik	14
restaurang - restoran	17
stormarknad - supermarket	20
drycker - piće	22
mat - jelo	23
bondgård - seosko imanje	27
hus - kuća	31
vardagsrum - dnevni boravak	33
kök - kuhinja	35
badrum - kupatilo	38
barnrum - dječija soba	42
kläder - odjeća	44
kontor - ured	49
ekonomi - ekonomija	51
yrken - zanimanja	53
verktyg - alat	56
musikinstrument - muzički instrumenti	57
zoo - zološki vrt	59
sport - sport	62
aktiviteter - aktivnosti	63
familj - porodica	67
kropp - tijelo	68
sjukhus - bolnica	72
nödsituation - hitna pomoć	76
Jorden - Zemlja	77
klocka - sat	79
vecka - sedmica, nedjelja	80
år - godina	81
former - oblici	83
färger - boje	84
motsatser - suprotnosti	85
siffror - brojevi	88
språk - jezici	90
vem / vad / hur - ko / šta / gdje	91
var - gdje	92

AF188343

Impressum
Verlag: BABADADA GmbH, Nedderfeld 112 , 22529 Hamburg
Geschäftsführer / Verlagsleitung: Harald Hof
Druck: Books on Demand GmbH, In de Tarpen 42, 22848 Norderstedt

Imprint
Publisher: BABADADA GmbH, Nedderfeld 112 , 22529 Hamburg, Germany
Managing Director / Publishing direction: Harald Hof
Print: Books on Demand GmbH, In de Tarpen 42, 22848 Norderstedt, Germany

skola
škola

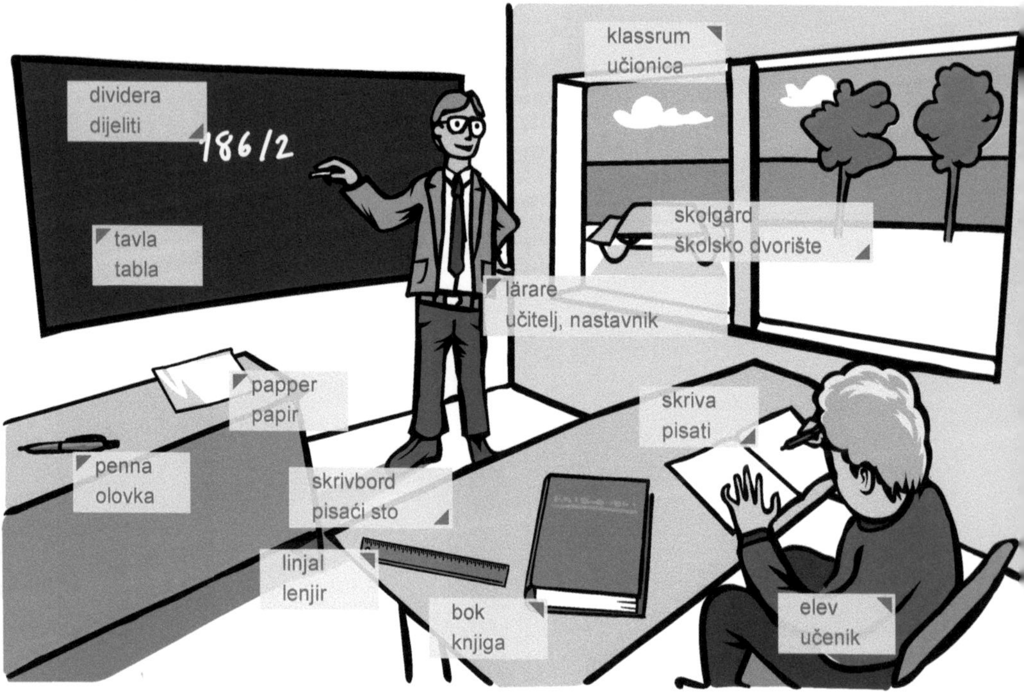

klassrum
učionica
dividera
dijeliti
186/2
tavla
tabla
skolgård
školsko dvorište
lärare
učitelj, nastavnik
papper
papir
skriva
pisati
penna
olovka
skrivbord
pisaći sto
linjal
lenjir
bok
knjiga
elev
učenik

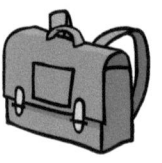

skolväska
....
torba

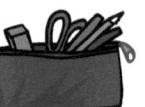

pennfodral
....
pernica

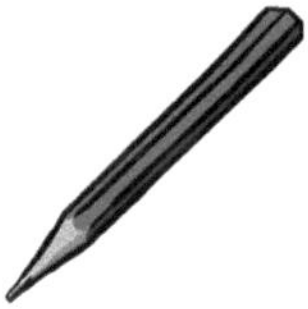

blyertspenna
....
drvena olovka

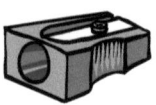

pennvässare
....
šiljalo za olovke

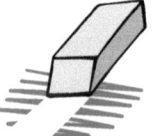

suddgummi
....
gumica

ritblock
....
blok za crtanje

teckning

crtež

pensel

kist

målarlåda

kutija s bojama

sax

makaze

lim

ljepilo

övningsbok

vježbanka

hemläxa

domaća zadaća

tal

broj

addera

sabirati

subtrahera

oduzimati

multiplicera

množiti

räkna

računati

bokstav

slovo

alfabet

abeceda

ord

riječ

text

tekst

läsa

čitati

krita

kreda

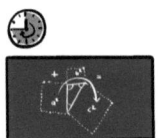

lektion

sat

register

školski dnevnik

prov

ispit

intyg

svjedočanstvo

skoluniform

školska uniforma

utbildning

izobrazba

uppslagsverk

leksikon

universitet

univerzitet

mikroskop

mikroskop

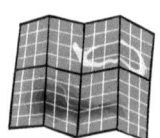

karta

karta

papperskorg

korpa za papir

resa
putovanje

hotell
hotel
Grand
vandrarhem
hostel
ROOMS
EXCHANGE
växelkontor
mjenjačnica
resväska
kofer
bil
auto

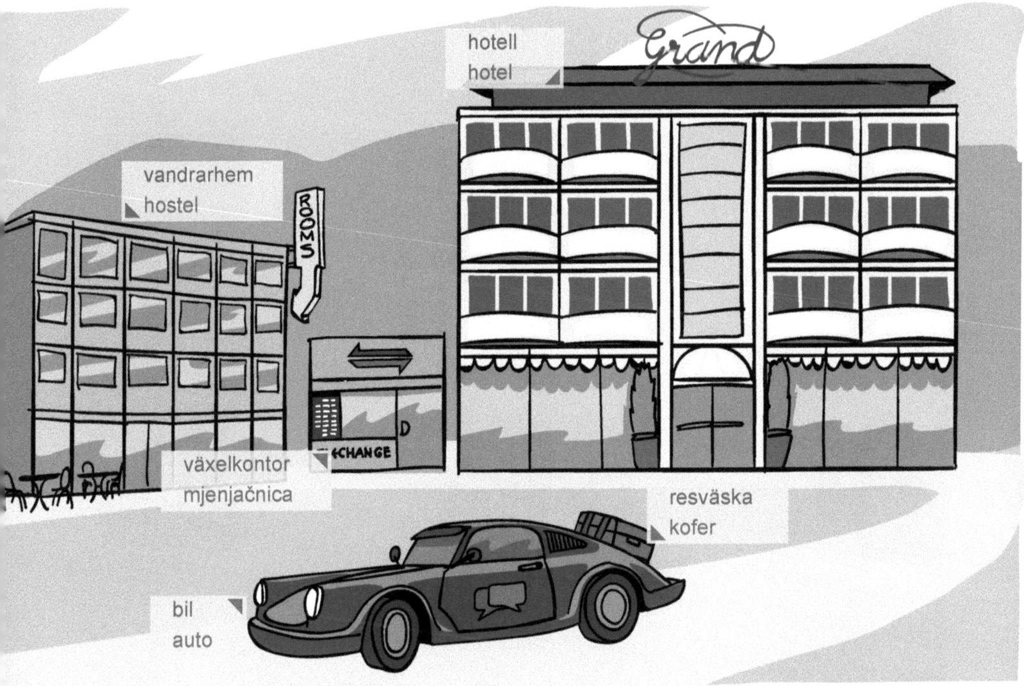

språk

jezik

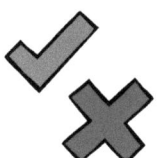

ja / nej

da / ne

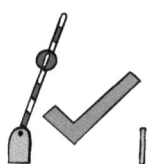

Okay

okej

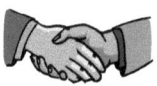

hej

zdravo

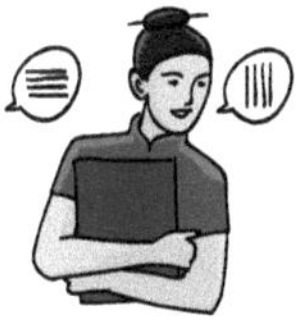

översättare

tumač

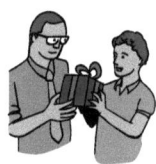

Tack

hvala

hur mycket kostar...?

Koliko košta...?

jag förstår inte

Ne razumijem

problem

problem

God kväll!

dobro veče!

God morgon!

Dobro jutro!

God natt!

Laku noć!

hejdå

doviđenja

riktning

smjer

bagage

prtljag

väska

torba

ryggsäck

ruksak

gäst

gost

rum

soba

sovsäck

vreća za spavanje

tält

šator

turistinformation

turističke informacije

strand

plaža

kreditkort

kreditna kartica

frukost

doručak

lunch

ručak

middag

večera

biljett

putna karta

hiss

lift

frimärke

poštanska markica

gräns

granica

tull

carina

ambassad

ambasada

visum

viza

pass

pasoš

transport
transport

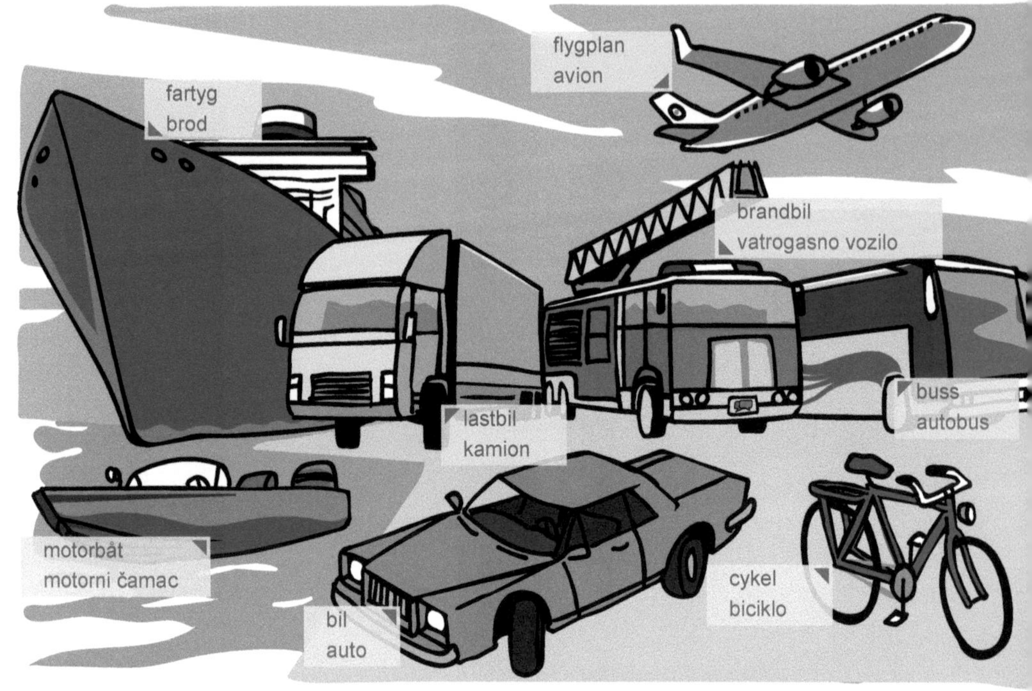
fartyg
brod
flygplan
avion
brandbil
vatrogasno vozilo
buss
autobus
lastbil
kamion
motorbåt
motorni čamac
bil
auto
cykel
biciklo

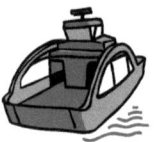

färja

trajekt

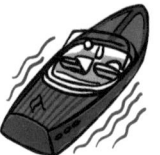

båt

brod

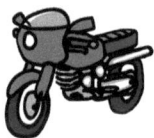

motorcykel

motocikl

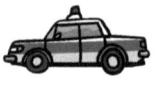

polisbil

policijski automobil

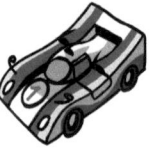

racerbil

trkaći automobil

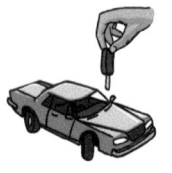

hyrbil

unajmljeni automobil

bilpool
kar-šering

bärgningsbil
pauk

sopbil
smećarsko vozilo

motor
motor

bränsle
gorivo

bensinstation
benzinska pumpa

vägmärke
saobraćajni znak

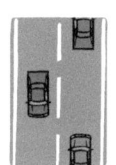

trafik
saobraćaj

bilkö
zastoj

parkeringsplats
parking

tågstation
željeznička stanica

räls
šine

tåg
voz

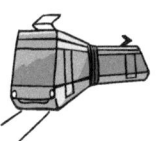

spårvagn
tramvaj

vagn
vagon

helikopter

helikopter

flygplats

aerodrom

torn

toranj

passagerare

putnik

container

kontejner

kartong

karton

vagn

tačke

korg

korpa

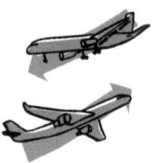

starta / landa

poletjeti / sletjeti

stad
grad

by

selo

centrum

centar grada

hus

kuća

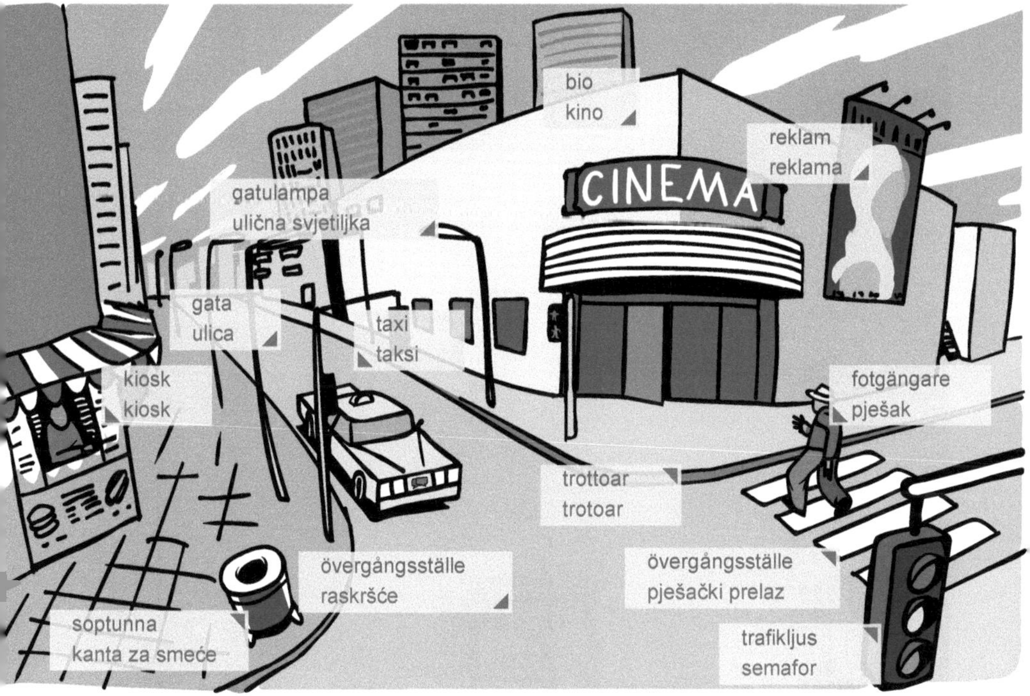

bio
kino

reklam
reklama

gatulampa
ulična svjetiljka

CINEMA

gata
ulica

taxi
taksi

kiosk
kiosk

fotgängare
pješak

trottoar
trotoar

övergångsställe
raskršće

övergångsställe
pješački prelaz

soptunna
kanta za smeće

trafikljus
semafor

stuga

koliba

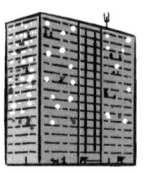

lägenhet

stan

tågstation

željeznička stanica

stadshus

vjećnica

museum

muzej

skola

škola

universitet

univerzitet

bank

banka

sjukhus

bolnica

hotell

hotel

apotek

apoteka

kontor

ured

bokhandel

knjižara

affär

radnja

blomsterbutik

cvjećara

stormarknad

supermarket

marknad

pijaca

varuhus

robna kuća

fiskhandlare

prodavač ribe

köpcentrum

trgovački centar

hamn

luka

park
park

bänk
klupa

brygga
most

trappa
stepenice

tunnelbana
podzemna željeznica

tunnel
tunel

busshållplats
autobuska stanica

bar
bar

restaurang
restoran

brevlåda
poštanski sandučić

gatuskylt
saobraćajni znak

parkeringsautomat
sat za naplatu parkinga

zoo
zološki vrt

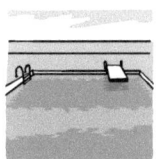

simbassäng
bazen

moské
džamija

bondgård

seosko imanje

förorening

zagađenje okoline

kyrkogård

groblje

kyrka

crkva

lekplats

igralište

tempel

hram

landskap
krajolik

löv
list

vägskylt
putokaz

väg
putokaz

äng
livada

sten
kamen

liftare
putnik

träd
drvo

flod
rijeka

gräs
trava

blomma
cvijet

dal
dolina

kulle
brdo

sjö
jezero

skog
šuma

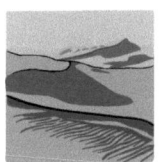

öken
pustinja

vulkan
vulkan

slott
dvorac

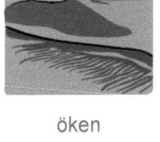

regnbåge
duga

svamp
gljiva

palm
palma

mygga
komarac

fluga
muha

myra
mrav

bi
pčela

spindel
pauk

skalbagge

buba

groda

žaba

ekorre

vjeverica

igelkott

jež

hare

zec

uggla

sova

fågel

ptica

svan

labud

vildsvin

divlja svinja

rådjur

jelen

älg

los

damm

brana

vindkraftverk

vjetrenjača

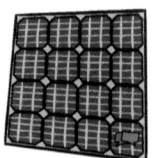

solcellspanel

solarni modul

klimat

klima

restaurang

restoran

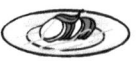

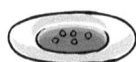

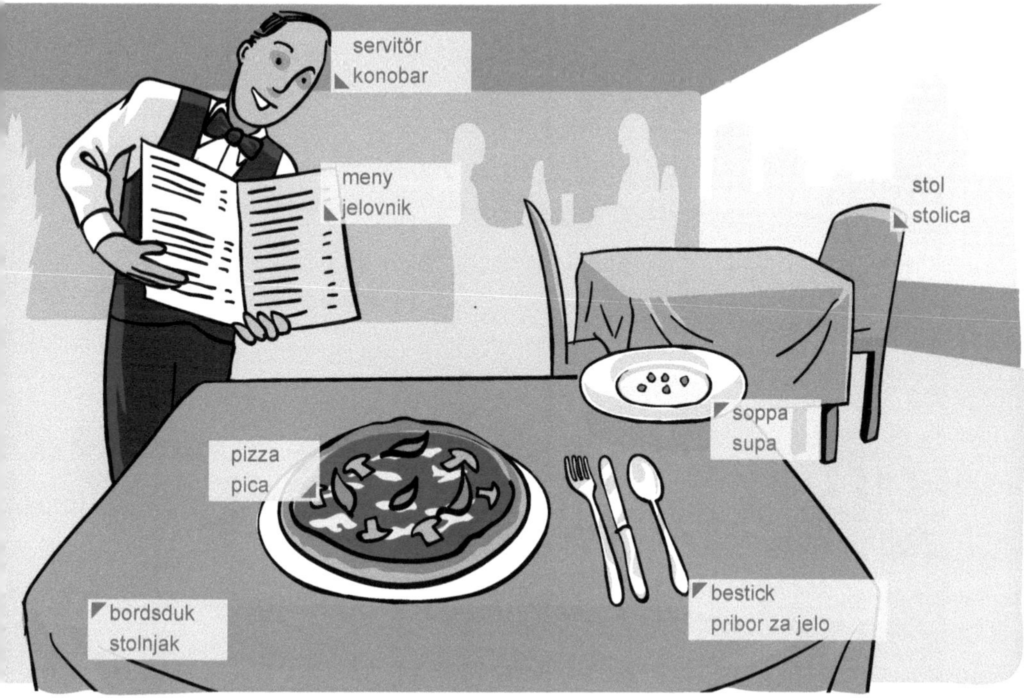

servitör
konobar
meny
jelovnik
stol
stolica
soppa
supa
pizza
pica
bordsduk
stolnjak
bestick
pribor za jelo

förrätt

predjelo

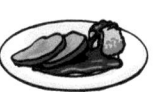

huvudrätt

glavno jelo

dessert

desert

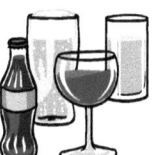

drycker

piće

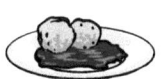

mat

jelo

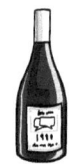

flaska

flaša

snabbmat

brza hrana

street food

jelo sa ulice

tekanna

čajnik

sockerskål

šećernica

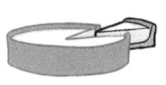

portion

porcija

espressomaskin

mašina za espreso

barnstol

barska stolica

räkning

račun

bricka

tacna

kniv

nož

gaffel

viljuška

sked

kašika

tesked

kašičica

servett

salveta

glas

čaša

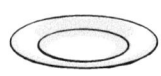

tallrik
tanjir

sopptallrik
tanjir za supu

tefat
tanjurić

sås
sos

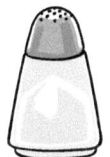

saltkar
solanik

pepparkvarn
mlin za biber

vinäger
sirće

olja
ulje

kryddor
začini

ketchup
kečap

senap
senf

majonnäs
majoneza

stormarknad
supermarket

specialerbjudande
ponuda
FOR
kund
klijent
mejeriprodukter
mliječni proizvodi
frukt
voće
varukorg
kolica za kupovinu

BUTCHERS

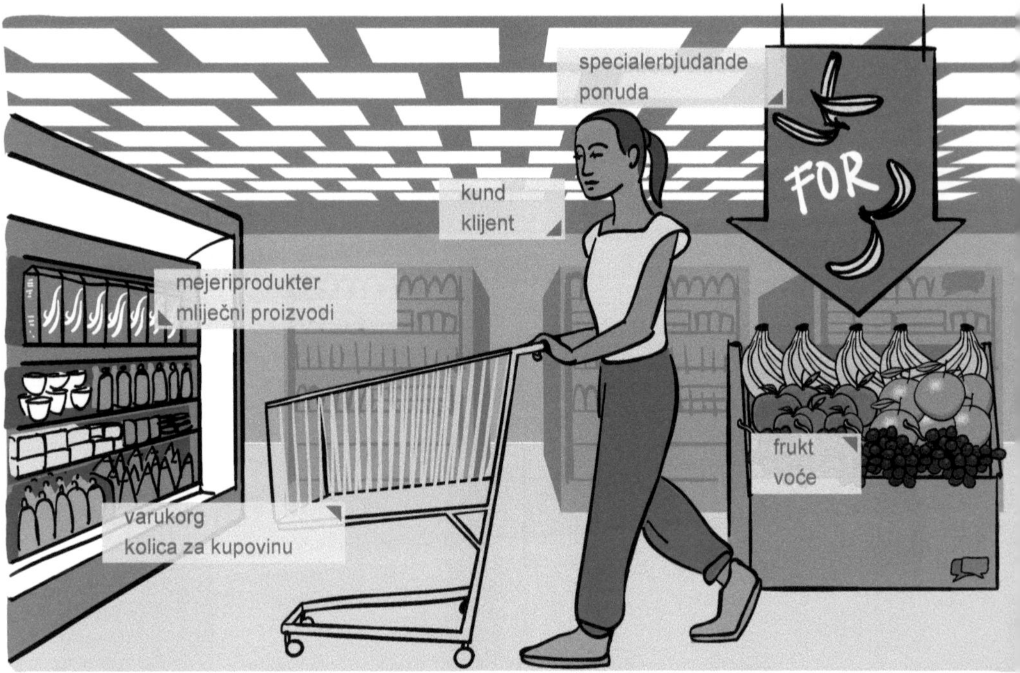

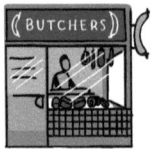

charkuteri

mesnica- klaonica

BAKERY

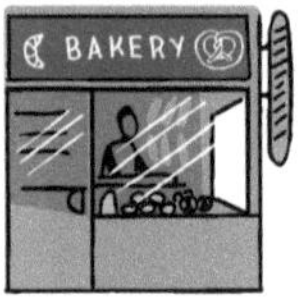

bageri

pekara

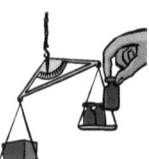

väga

vagati

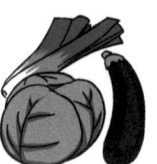

grönsaker

povrće

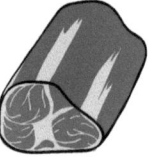

kött

meso

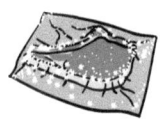

frysta livsmedel

zaleđena hrana

pålägg
narezak

konserver
konzerve

tvättmedel
pračak za veš

godis
slatkiši

hushållsprodukter
kućanski proizvodi

rengöringsmedel
sredstvo za čišćenje

försäljare
prodavačica

kassa
kasa

kassör
blagajnik

inköpslista
lista za kupovinu

öppettider
radno vrijeme

plånbok
novčanik

kreditkort
kreditna kartica

väska
torba

plastpåse
najlonska vrećica

vatten
voda

juice
sok

mjölk
mlijeko

cola
kola

vin
vino

öl
pivo

alkohol
alkohol

kakao
kakao

te
čaj

kaffe
kafa

espresso
espreso

cappuccino
kapućino

banan

banana

äpple

jabuka

apelsin

narandža

melon

lubenica

citron

limun

morot

mrkva

vitlök

bijeli luk

bambu

bambus

lök

crveni luk

svamp

gljiva

nötter

orašasti plodovi

nudlar

pasta

spaghetti

špagete

ris

riža

sallad

salata

pommes frites

pomfrit

stekt potatis

pečeni krompir

pizza

pica

hamburgare

hamburger

smörgås

sendvič

schnitzel

šnicla

skinka

šunka

salami

kobasica

korv

kobasica

kyckling

kokoš

stek

pečenje

fisk

riba

havregryn

zobene pahuljice

müsli

muzli

cornflakes

kornfleks

mjöl

brašno

croissant

kroason

fralla

zemičke

bröd

kruh

rostat bröd

tost

kex

keksi

smör

maslac

kvarg

svježi sir

kaka

kolač

ägg

jaje

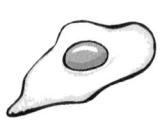

stekt ägg

jaje na oko

ost

sir

glass

sladoled

socker

šećer

honung

med

sylt

marmelada

nougatkräm

nugat krema

curry

kuri

bondgård
seosko imanje

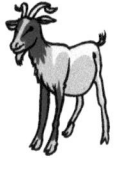

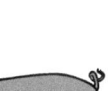

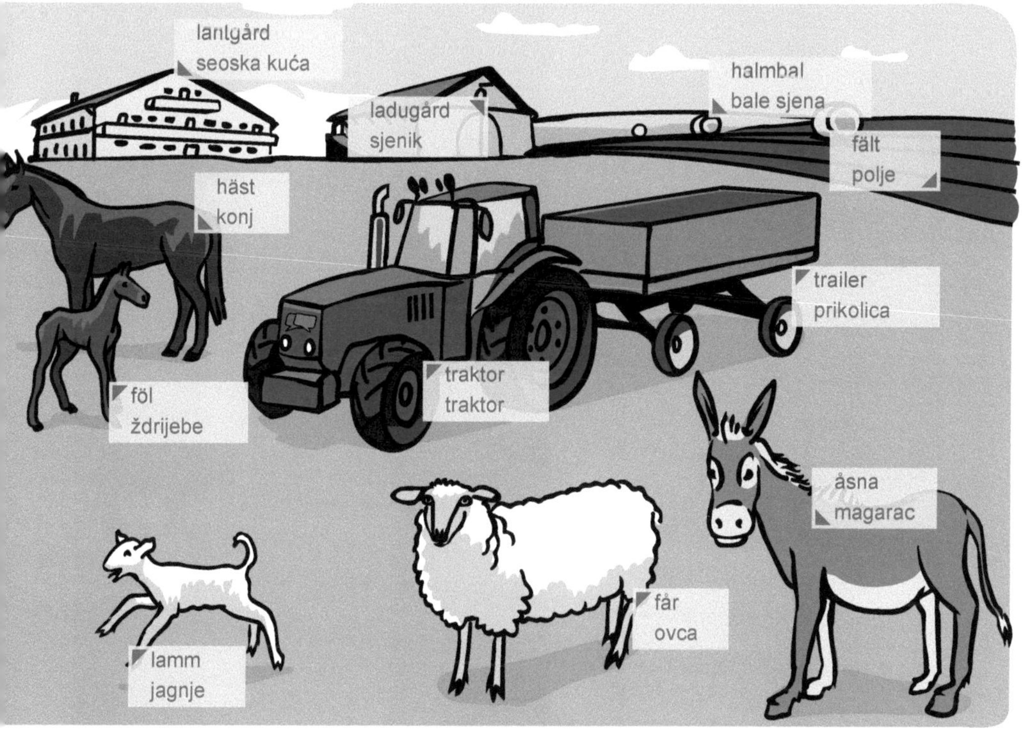

lantgård
seoska kuća
ladugård
sjenik
halmbal
bale sjena
fält
polje
häst
konj
trailer
prikolica
traktor
traktor
föl
ždrijebe
åsna
magarac
får
ovca
lamm
jagnje

get
koza

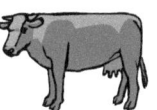

ko
krava

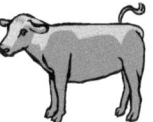

kalv
tele

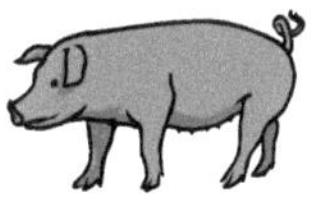

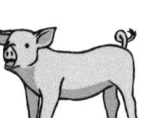

gris
svinja

griskulting
prase

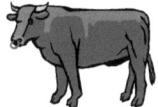

tjur
bik

gås
guska

anka
patka

kyckling
pile

höna
kokoška

tupp
pjetao

råtta
pacov

katt
mačka

mus
miš

oxe
vol

hund
pas

hundkoja
pseća kućica

trädgårdsslang
crijevo za baštu

vattenkanna
kanta za zalijevanje

lie
kosa

plog
plug

skära
srp

hacka
motika

högaffel
vile

yxa
sjekira

skottkärra
tačke

tråg
korito

mjölkflaska
bokal za mlijeko

säck
vreća

staket
ograda

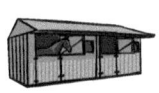

stall
štala

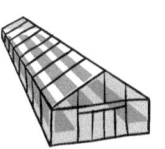

växthus
staklenik

jord
tlo

säd
sjeme

gödsel
đubrivo

skördetröska
kombajn

skörda
....
kositi

skörd
....
žetva

jams
....
jam korijen

vete
....
pšenica

soja
....
soja

potatis
....
krompir

majs
....
kukuruz

raps
....
uljana repica

fruktträd
....
drvo voća

maniok
....
manioka

spannmål
....
žito

hus
kuća

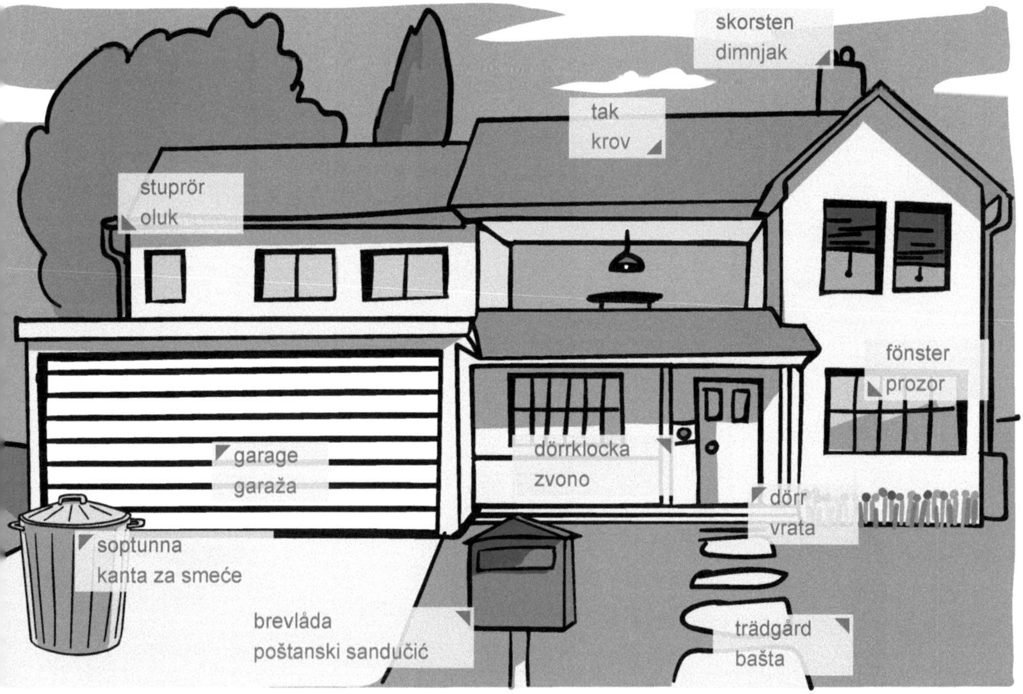

skorsten
dimnjak
tak
krov
stuprör
oluk
fönster
prozor
garage
garaža
dörrklocka
zvono
dörr
vrata
soptunna
kanta za smeće
brevlåda
poštanski sandučić
trädgård
bašta

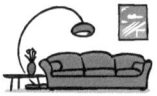

vardagsrum

dnevni boravak

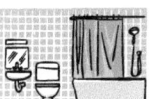

badrum

kupatilo

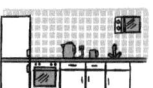

kök

kuhinja

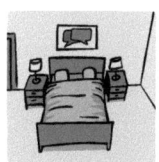

sovrum

spavaća soba

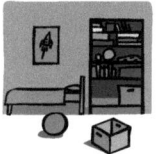

barnrum

dječija soba

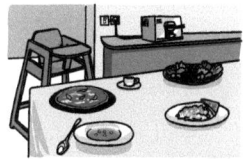

matsal

trpezarija

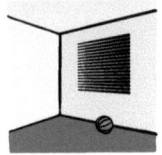

golv
pod, tlo

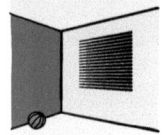

vägg
zid

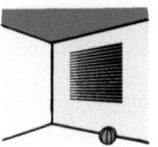

tak
plafon

källare
podrum

bastu
sauna

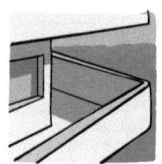

balkong
balkon

terrass
terasa

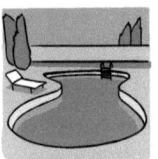

bassäng
bazen

gräsklippare
kosilica

lakan
posteljina

överkast
pokrivač

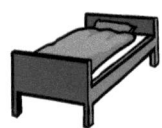

säng
krevet

kvast
metla

hink
kanta

strömbrytare
prekidač

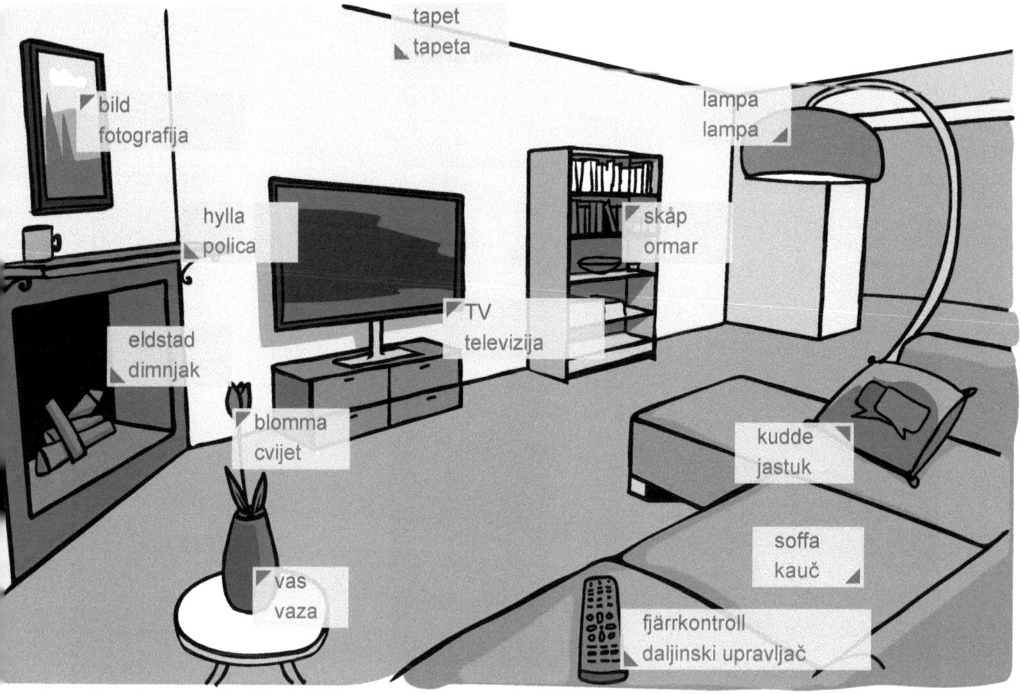

tapet
tapeta

bild
fotografija

lampa
lampa

hylla
polica

skåp
ormar

eldstad
dimnjak

TV
televizija

blomma
cvijet

kudde
jastuk

soffa
kauč

vas
vaza

fjärrkontroll
daljinski upravljač

matta

tepih

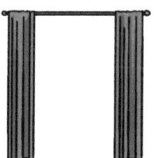

gardin

zavjesa

bord

stol

stol

stolica

gungstol

stolica za ljuljanje

fåtölj

fotelja

bok

knjiga

filt

deka

dekoration

dekoracija

vedträ

ložno drvo

film

film

stereoanläggning

stereo uređaj

nyckel

ključ

dagstidning

novine

målning

umjetnička slika

poster

poster

radio

radio

anteckningsbok

blok za bilješke

dammsugare

usisavač

kaktus

kaktus

stearinljus

svijeća

kök

kuhinja

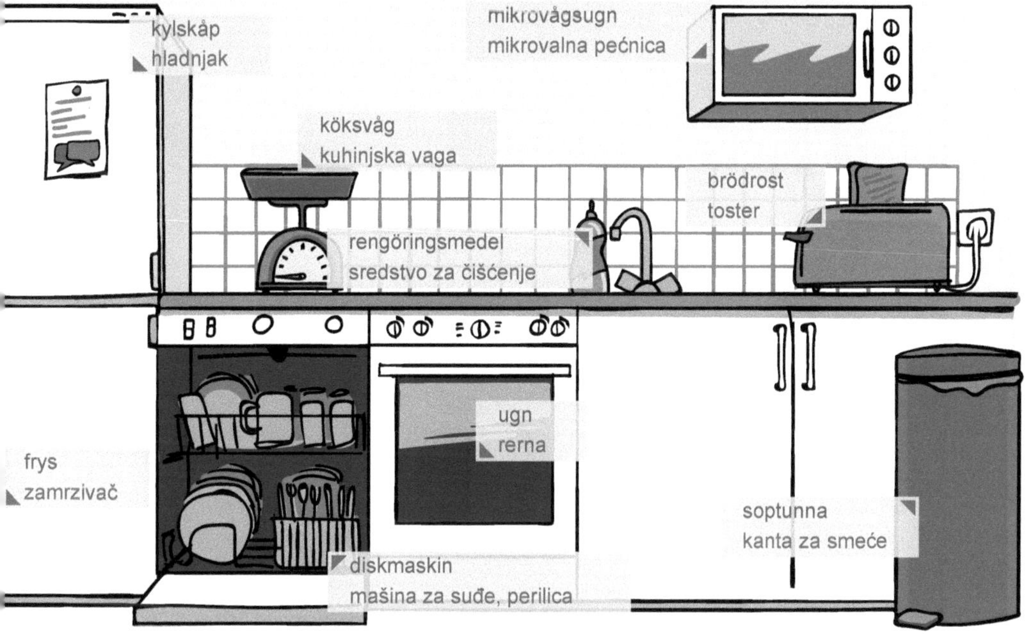

kylskåp
hladnjak
mikrovågsugn
mikrovalna pećnica
köksvåg
kuhinjska vaga
brödrost
toster
rengöringsmedel
sredstvo za čišćenje
ugn
rerna
frys
zamrzivač
soptunna
kanta za smeće
diskmaskin
mašina za suđe, perilica

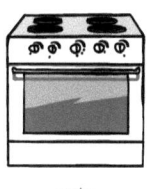

spis
....
peć

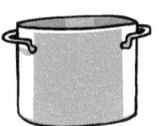

kastrull
....
lonac

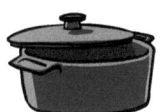

järngryta
....
metalni lonac

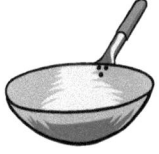

wok / kadai
....
vok / kadai

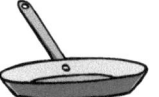

stekpanna
....
tava, tiganj

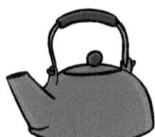

vattenkokare
....
kuhalo

ångkokare

aparat za kuhanje na pari

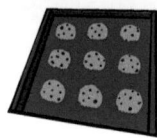

bakplåt

lim za pečenje

porslin

posuđe

mugg

šalica

skål

činija

ätpinnar

kineski štapići

soppslev

kutlača

stekspade

lopatica

visp

metlica za snijeg bjelanjca

durkslag

sito za kuhanje

sil

sito

rivjärn

ribež

mortel

avan s tučkom

grill

roštilj

brasa

ložište

skärbräda

daska

kavel

oklagija

korkskruv

vadičep

burk

konzerva

burköppnare

otvarač za konzerve

grytlapp

krpe za lonac

vask

sudoper

borste

četka

svamp

spužva

mixer

mikser

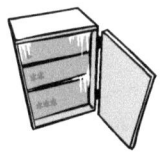

frys

zamrzivač

nappflaska

flašica za bebu

kran

slavina

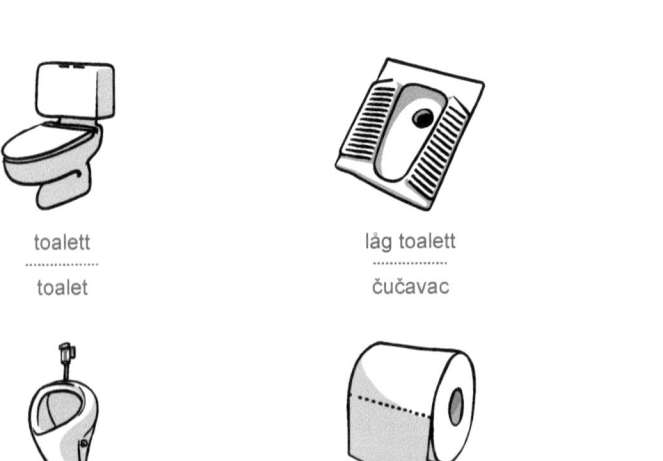

badrum
kupatilo

värme
grijanje
handduk
peškir
dusch
tuš
duschdraperi
zavjesa za tuš
bubbelbad
pjenušava kupka
badkar
kada
glas
čaša
tvättmaskin
mašina za veš
kran
slavina
kakel
pločice
potta
dječja kahlica
vask
sudoper

toalett
toalet

låg toalett
čučavac

bidet
bide

pissoar
pisoar

toalettpapper
toalet papir

toalettborste
četka za wc

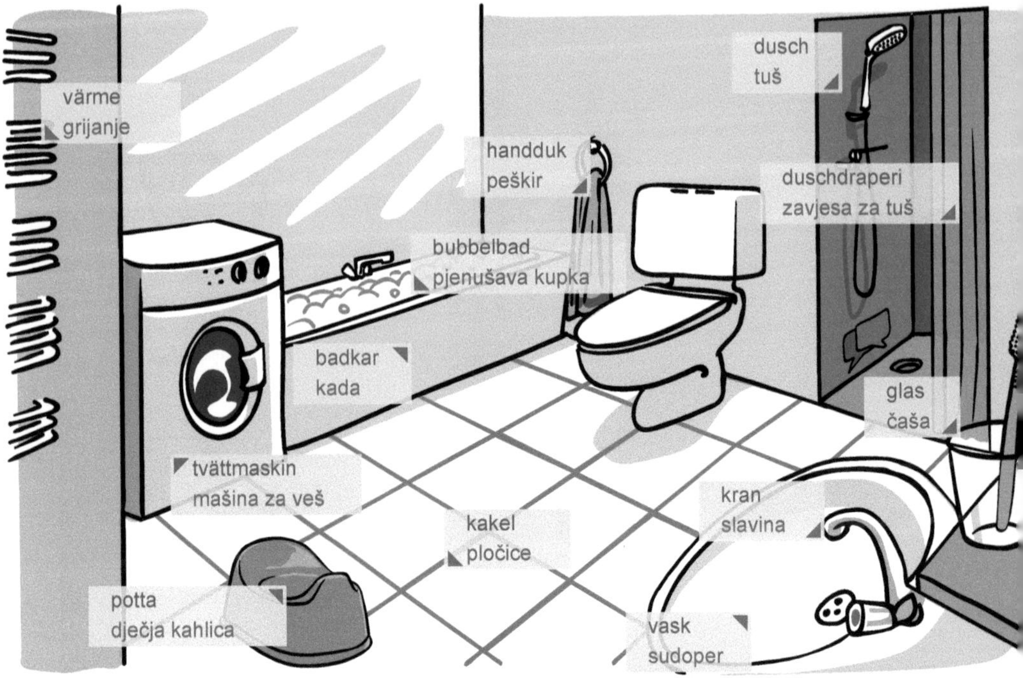

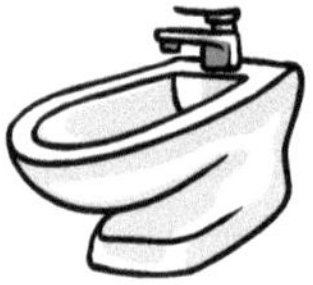

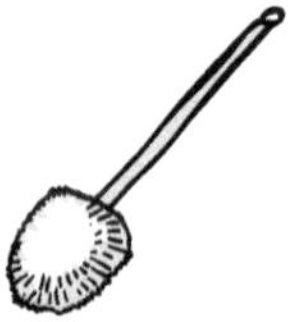

tandborste

četkica za zube

tandkräm

pasta za zube

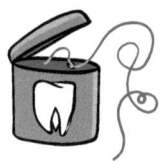

tandtråd

zubni konac

tvätta

prati

handdusch

tuš

intimdusch

intimni tuš

handfat

lavor

ryggborste

četka za leđa

tvål

sapun

duschgel

gel za tuširanje

schampo

šampon

trasa

krpe za pranje

avlopp

odvod

crème

krema

deodorant

dezodorans

spegel

ogledalo

handspegel

ogledalo za šminkanje

rakhyvel

brijač

raklödder

pjena za brijanje

rakvatten

vodica poslije brijanja

kam

češalj

borste

četka

hårtork

fen

hårspray

sprej za kosu

smink

puder

läppstift

karmin

nagellack

lak za nokte

bomullsvadd

vata

nagelsax

makazice za nokte

parfym

parfem

necessär

kozmetička torbica

pall

hoklica

våg

vaga

badrock

kupaći ogrtač

gummihandskar

rukavice za čišćenje

tampong

tampon

binda

uložak za dame

kemisk toalett

hemijski toalet

barnrum

dječija soba

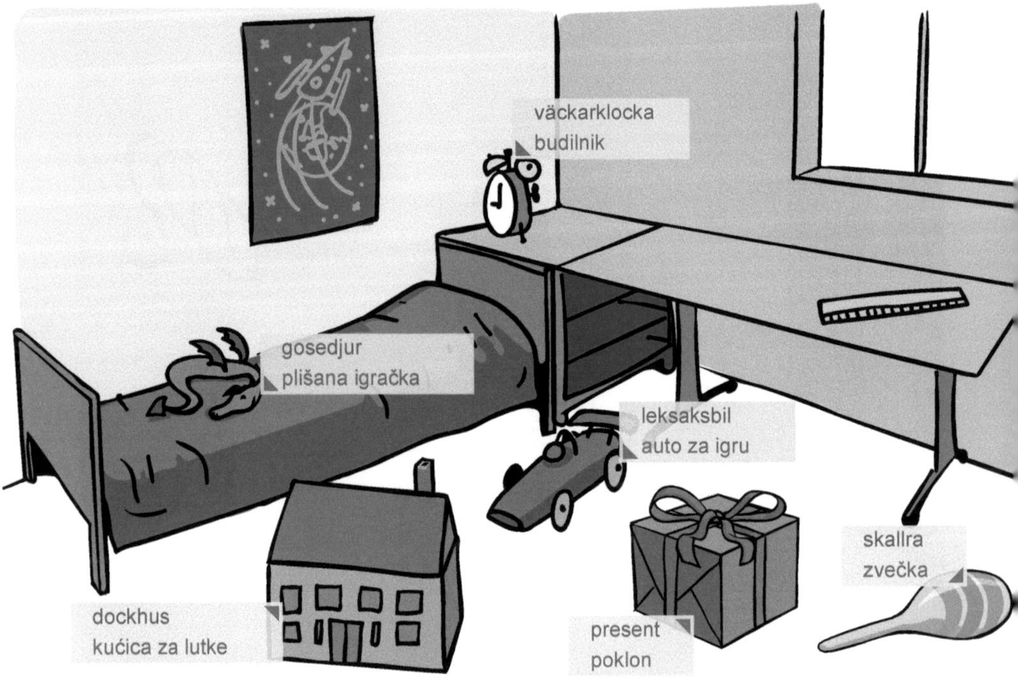
väckarklocka
budilnik
gosedjur
plišana igračka
leksaksbil
auto za igru
skallra
zvečka
dockhus
kućica za lutke
present
poklon

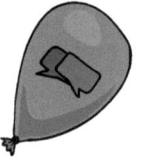

ballong

balon

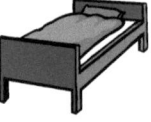

säng

krevet

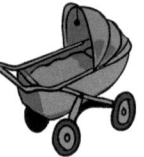

barnvagn

kolica za djecu

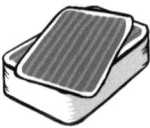

kortlek

karte za igranje

pussel

puzle

SUPER
MEGA

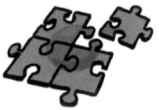

serietidning

strip

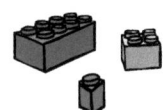

legobitar

lego kockice

klossar

kockice za gradnju

actionfigur

akcione figure

sparkdräkt

benkica

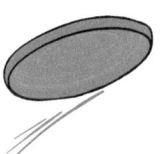

frisbee

frizbi

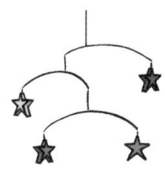

mobil

mobile

brädspel

igra na ploči

tärning

kocka

modelljärnväg

miniatura željeznice

napp

cucla

party

zabava

bilderbok

slikovnica

boll

lopta

docka

lutka

spela

igrati

sandlåda

pješćanik

gunga

ljuljačka

leksaker

igračke

spelkonsol

konzola za igru

trehjuling

triciklo

nalle

medvjedić

garderob

ormar

kläder

odjeća

sockar

kratke čarape

strumpor

čarape

tights

hulahopke

halsduk
šal

bälte
kaiš

paraply
kišobran

t-shirt
majica kratkih rukava

stövlar
čizme

tofflor
papuče

sneakers
patike

sandaler
sandale

skor
cipele

gummistövlar
gumene čizme

underbyxor
gaće

BH
grudnjak

linne
potkošulja

body

bodi

byxor

hlače

jeans

farmerke

kjol

suknja

blus

bluza

skjorta

košulja

pullover

džemper

sweater

majica

blazer

sako

jacka

jakna

kappa

mantil

regnjacka

kišni mantil

dräkt

kostim

klänning

haljina

bröllopsklänning

vjenčanica

kostym

odijelo

nattlinne

spavaćica

pyjamas

pidžama

sari

sari

slöja

marama

turban

turban

burka

burka

kaftan

kaftan

abaya

abaja

baddräkt

kupaći kostim

badbyxor

kupaće gaće

shorts

kratke hlače

träningsoverall

trenerka

förkläde

pregača

handskar

rukavice

knapp

dugme

glasögon

naočare

armband

narukvica

halsband

ogrlica

ring

prsten

örhänge

naušnica

mössa

kapa

galge

vješalica

hatt

šešir

slips

kravata

dragkedja

patentni zatvarač

hjälm

kaciga

hängslen

tregeri za hlače

skoluniform

školska uniforma

uniform

uniforma

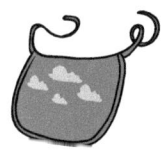

haklapp

podbradak

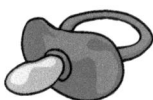

napp

cucla

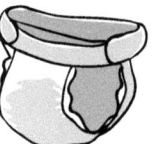

blöja

peleno

kontor

ured

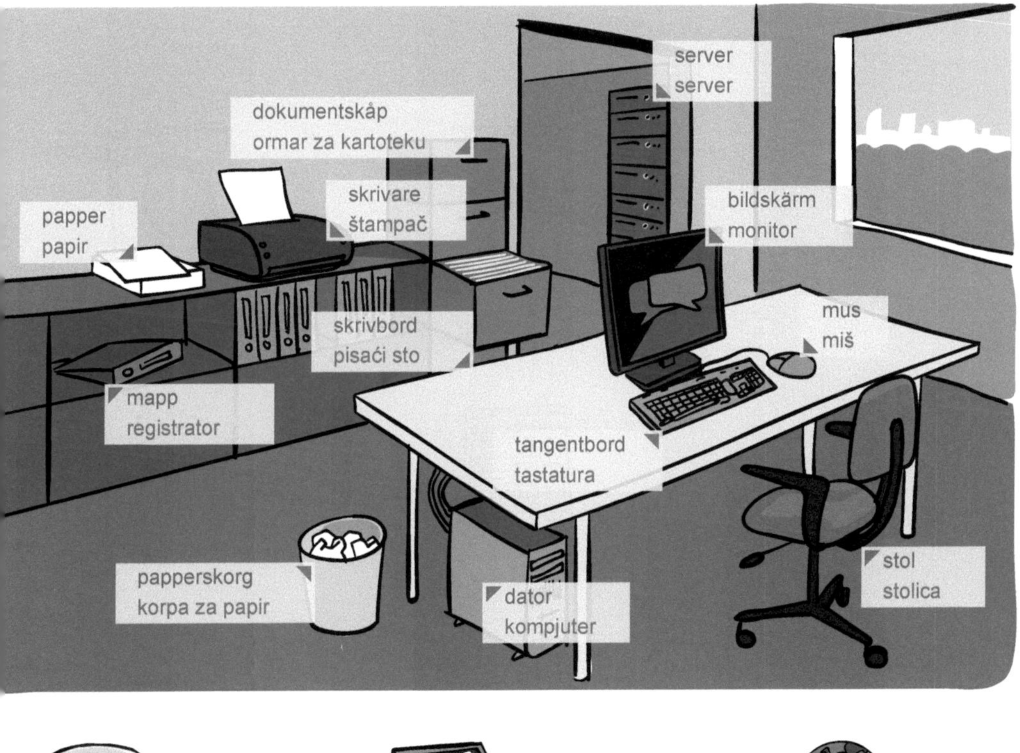

server
server
dokumentskåp
ormar za kartoteku
papper
papir
skrivare
štampač
bildskärm
monitor
mus
miš
skrivbord
pisaći sto
mapp
registrator
tangentbord
tastatura
papperskorg
korpa za papir
dator
kompjuter
stol
stolica

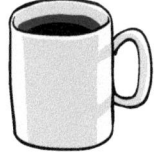

kaffemugg

šolja za kafu

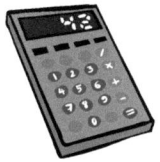

miniräknare

kalkulator

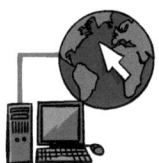

internet

internet

bärbar dator

laptop

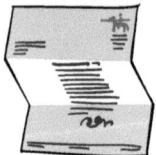

brev

pismo

meddelande

poruka

mobiltelefon

mobilni telefon

nätverk

mreža

kopieringsapparat

aparat za kopiranje

programvara

softver

telefon

telefon

vägguttag

utičnica

fax

faks

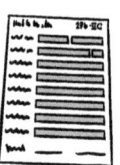

blankett

formular

dokument

dokument

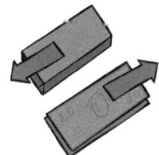

köpa

kupovati

betala

platiti

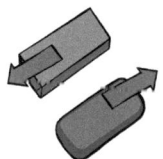

handla

trgovati

pengar

novac

 **USD**

dollar

dolar

 **EUR**

euro

euro

 **JPY**

yen

jen

 **RUB**

rubel

rublja

 **CHF**

schweizisk franc

franak

 **CNY**

renminbi yan

renminbi jen

 **INR**

rupie

rupi

bankomat

bankomat

växelkontor

mjenjačnica

guld

zlato

silver

srebro

olja

nafta

energi

energija

pris

cijena

kontrakt

ugovor

skatt

porez

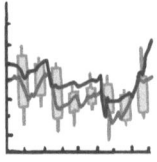

aktie

akcija

arbeta

raditi

anställd

službenik

arbetsgivare

poslodavac

fabrik

fabrika

affär

radnja

ekonomi - ekonomija

yrken
zanimanja

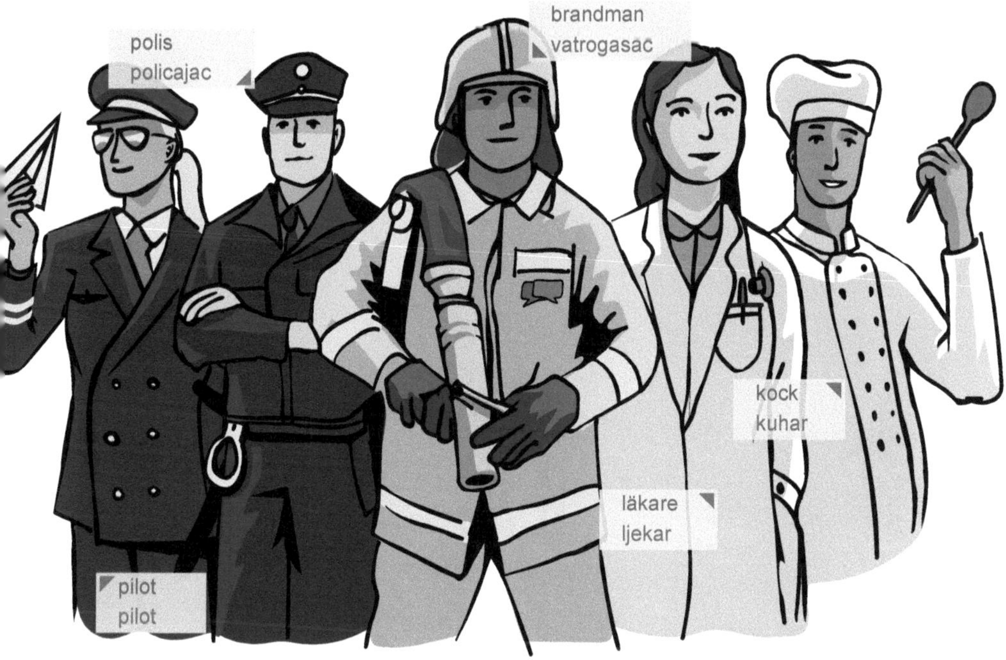
polis
policajac
brandman
vatrogasac
kock
kuhar
läkare
ljekar
pilot
pilot

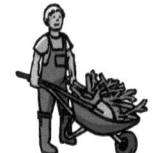

trädgårdsmästare

baštovan

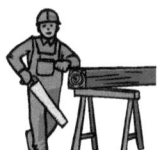

snickare

stolar

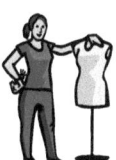

sömmerska

krojačica

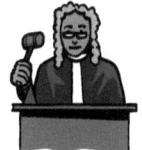

domare

sudija

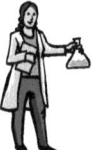

kemist

hemičar

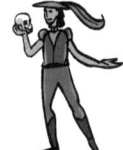

skådespelare

glumac

busschaufför

vozač autobusa

taxichaufför

vozač taksija

fiskare

ribar

städerska

čistačica

takläggare

krovopokrivač

servitör

konobar

jägare

lovac

målare

moler

bagare

pekar

elektriker

električar

byggarbetare

građevinski radnik

ingenjör

inženjer

slaktare

koljač

rörmokare

limar, vodoinstalater

brevbärare

poštar

soldat

vojnik

arkitekt

arhitekta

kassör

blagajnik

florist

cvjećar

frisör

frizer

konduktör

kontrolor

mekaniker

mehaničar

kapten

kapiten

tandläkare

zubar

vetenskapsman

naučnik

rabbin

rabin

imam

imam

munk

monah

präst

sveštenik

verktyg
alat

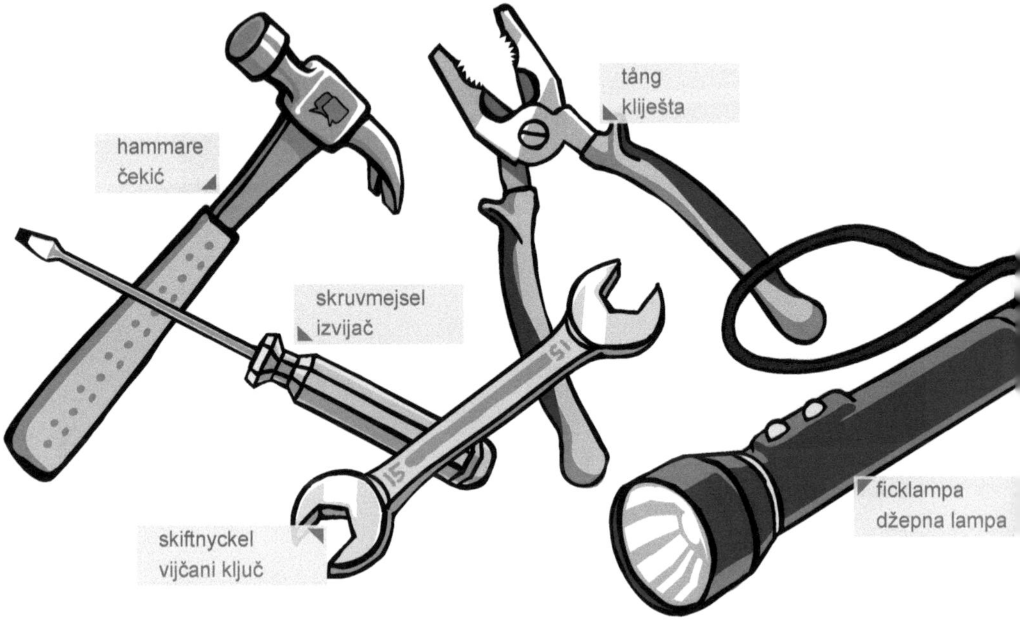
hammare
čekić
tång
kliješta
skruvmejsel
izvijač
skiftnyckel
vijčani ključ
ficklampa
džepna lampa

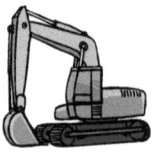

grävmaskin

bager

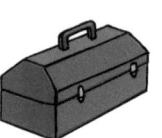

verktygslåda

kutija sa alatom

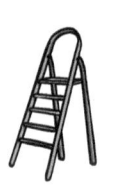

stege

ljestve

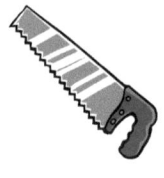

såg

testera, pila

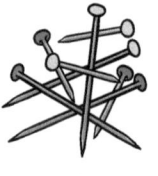

spik

ekser

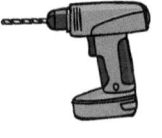

borr

bušilica

reparera
popraviti

spade
lopata

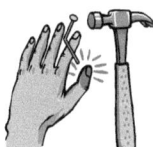

Helvete!
granje!

sopskyffel
lopatica

färgburk
kanta boje

skruvar
vijak

musikinstrument
muzički instrumenti

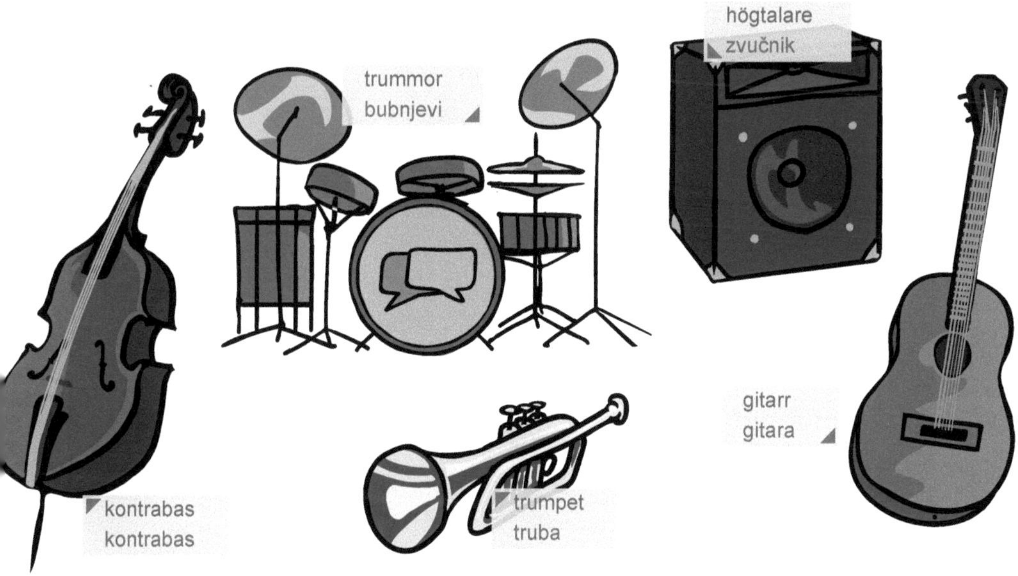

högtalare
zvučnik

trummor
bubnjevi

gitarr
gitara

kontrabas
kontrabas

trumpet
truba

piano

klavir

violin

violina

bas

bas

timpani

bubanj timpani

trumma

bubanj

keyboard

sintisajzer

saxofon

saksofon

flöjt

flauta

mikrofon

mikrofon

musikinstrument - muzički instrumenti

zoo

zološki vrt

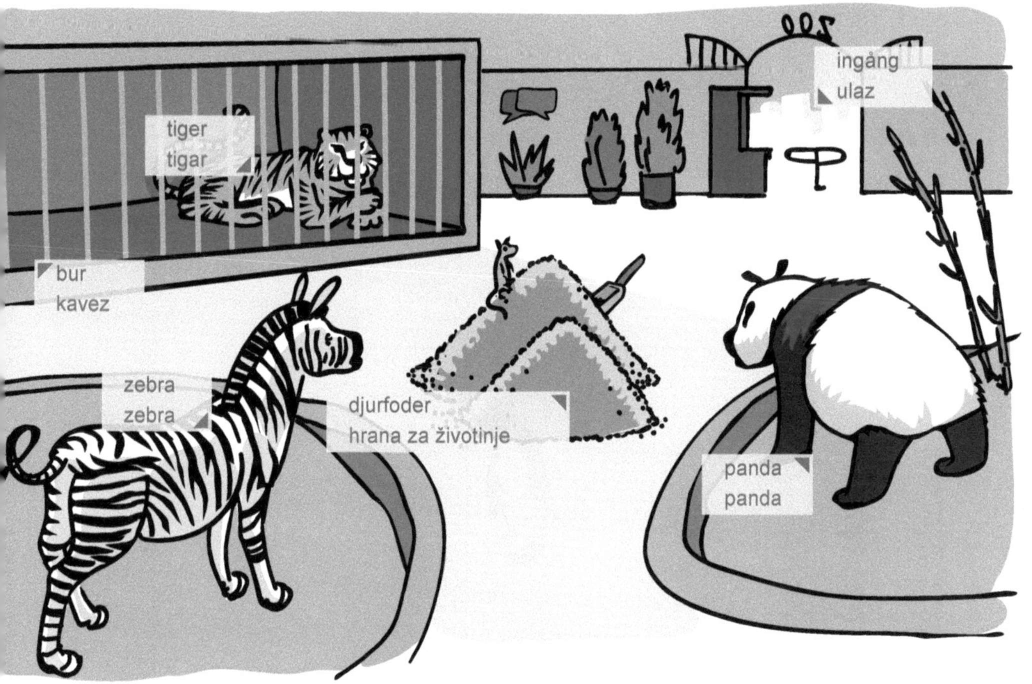
zoo
ingång
ulaz
tiger
tigar
bur
kavez
zebra
zebra
djurfoder
hrana za životinje
panda
panda

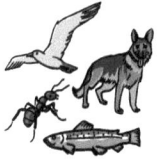

djur

životinje

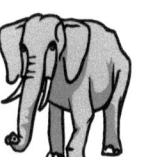

elefant

slon

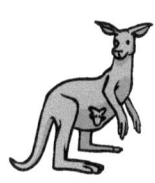

känguru

kengur

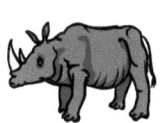

noshörning

nosorog

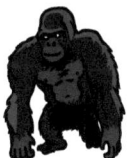

gorilla

gorila

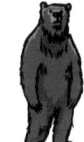

björn

medvjed

kamel

kamila

struts

noj

lejon

lav

apa

majmun

flamingo

flamingo

papegoja

papagaj

isbjörn

polarni medvjed

pingvin

pingvin

haj

morski pas

påfågel

paun

orm

zmija

krokodil

krokodil

djurskötare

čuvar u zološkom vrtu

säl

tuljan

jaguar

jaguar

zoo - zoološki vrt

ponny
poni

leopard
leopard

flodhäst
nileki konj

giraff
žirafa

örn
orao

vildsvin
divlja svinja

fisk
riba

sköldpadda
kornjača

valross
morž

räv
lisica

gazell
gazela

amerikansk fotboll
američki fudbal

cykling
vožnja bicikla

tennis
tenis

basket
košarka

simning
plivanje

ishockey
hokej na ledu

boxning
boks

fotboll
fudbal

badminton
bedminton

friidrott
laka atletika

handboll
rukomet

skidåkning
skijanje

polo
polo

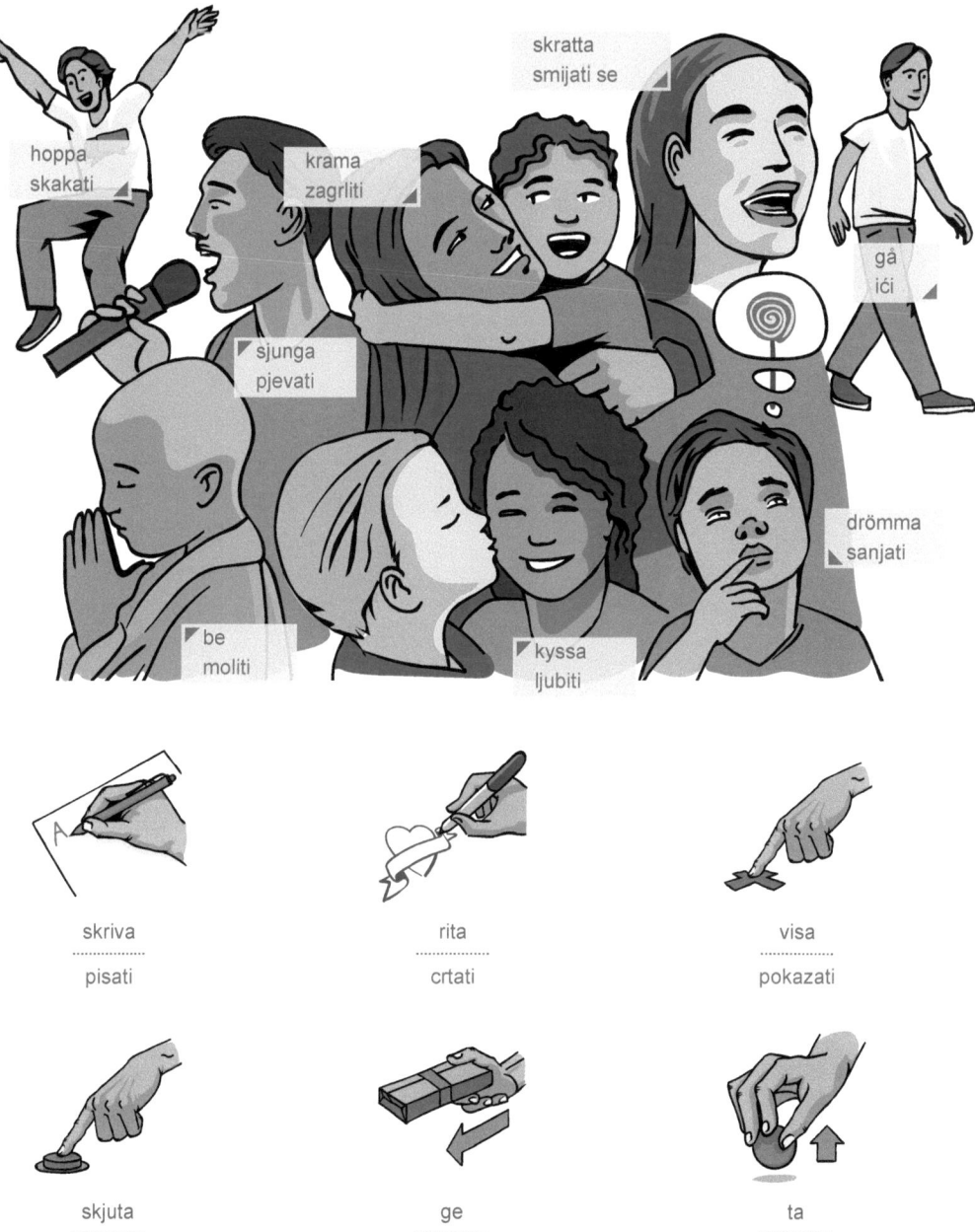

hoppa
skakati

krama
zagrliti

skratta
smijati se

gå
ići

sjunga
pjevati

drömma
sanjati

be
moliti

kyssa
ljubiti

skriva
pisati

rita
crtati

visa
pokazati

skjuta
gurati

ge
dati

ta
uzeti

hagel
imati

göra
raditi

vara
biti

stå
stajati

springa
trčati

dra
vući

kasta
baciti

falla
pasti

ligga
ležati

vänta
čekati

bära
nositi

sitta
sjediti

klä på
obući

sova
spavati

vakna
probuditi

se på	gråta	smeka
pogledati	plakati	milovati

kamma	prata	förstå
češljati	govoriti	razumjeti

fråga	höra	dricka
pitati	slušati	piti

äta	städa	älska
jesti	pospremiti	voljeti

laga mat	köra	flyga
kuhati	voziti	letjeti

segla
jedriti

räkna
računati

läsa
čitati

lära sig
učiti

arbeta
raditi

gifta sig
vjenčavti

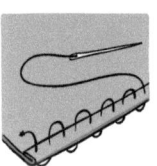

sy
šiti

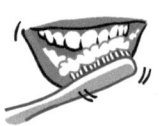

borsta tänderna
prati zube

döda
ubiti

röka
pušiti

skicka
slati

familj
porodica

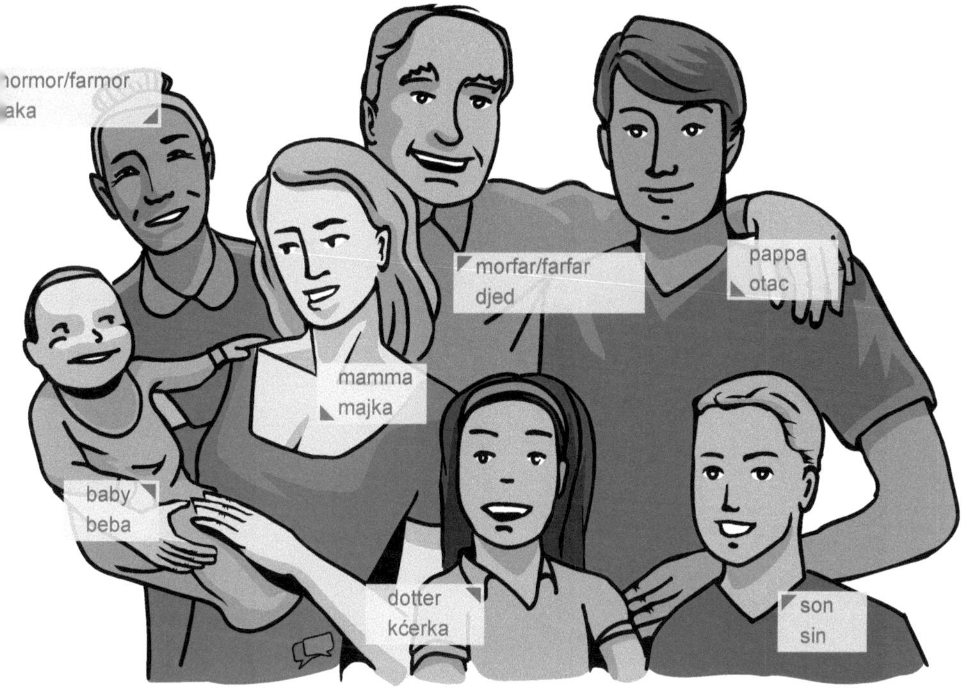
ormor/farmor
aka
morfar/farfar
djed
pappa
otac
mamma
majka
baby
beba
dotter
kćerka
son
sin

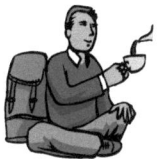

gäst

gost

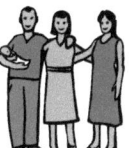

moster/faster

ujna, tetka, strina

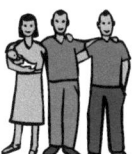

farbror/morbror

ujak, tetak, stric

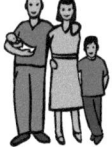

bror

brat

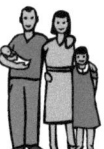

syster

sestra

kropp
tijelo

panna
čelo
öga
oko
skuldra
leđa
finger
prst
ansikte
lice
haka
brada
hand
ruka, šaka
bröst
grudi
ben
noga
arm
ruka

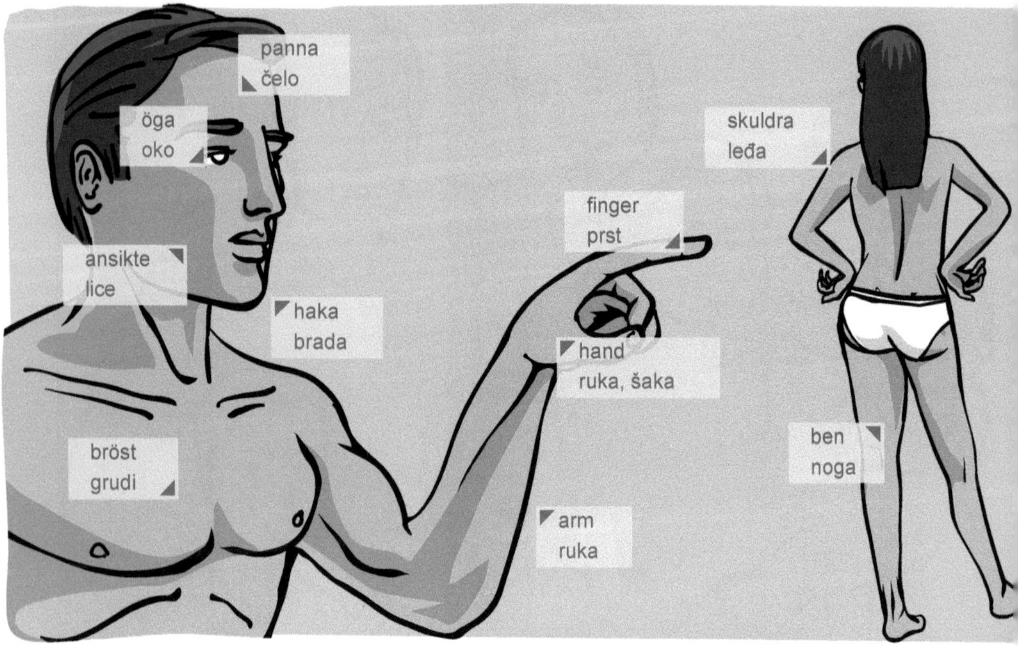

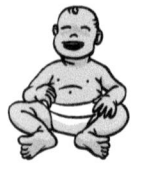

baby
beba

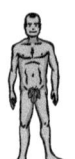

man
muškarac

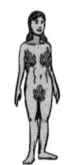

kvinna
žena

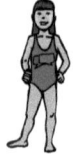

flicka
djevojčica

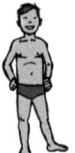

pojke
dječak

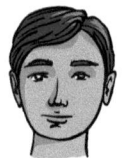

huvud
glava

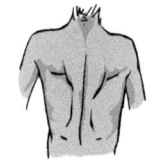

rygg

leđa

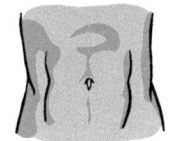

mage

stomak

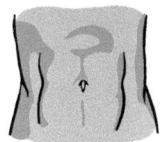

navel

pupak

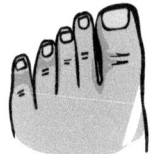

tå

nožni prst

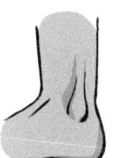

häl

peta

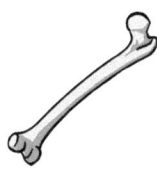

ben

kosti

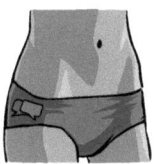

höft

kuk

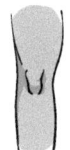

knä

koljeno

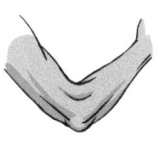

armbåge

lakat

näsa

nos

stjärt

stražnjica

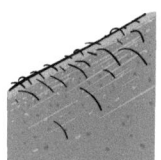

hud

koža

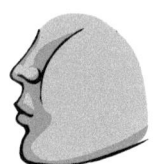

kind

obraz

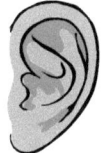

öra

uho

läpp

usna

mun

usta

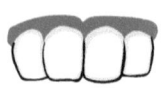

tand

zub

tunga

jezik

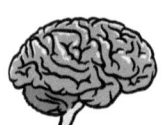

hjärna

mozak

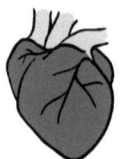

hjärta

srce

muskel

mišić

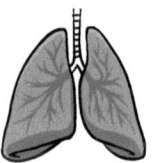

lunga

pluća

lever

jetra

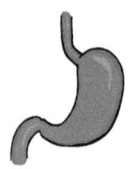

magsäck

želudac

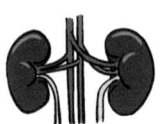

njurar

bubreg

sex

spolni odnos

kondom

kondom

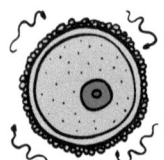

äggcell

jajna ćelija

sperma

sperma

graviditet

trudnoća

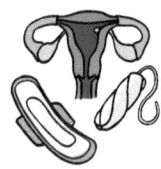

menstruation
menstruacija

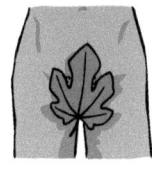

vagina
vagina

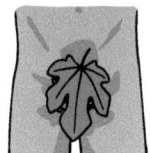

penis
penis

ögonbryn
obrva

hår
kosa

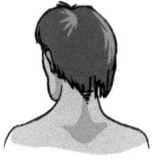

nacke
vrat

sjukhus
bolnica

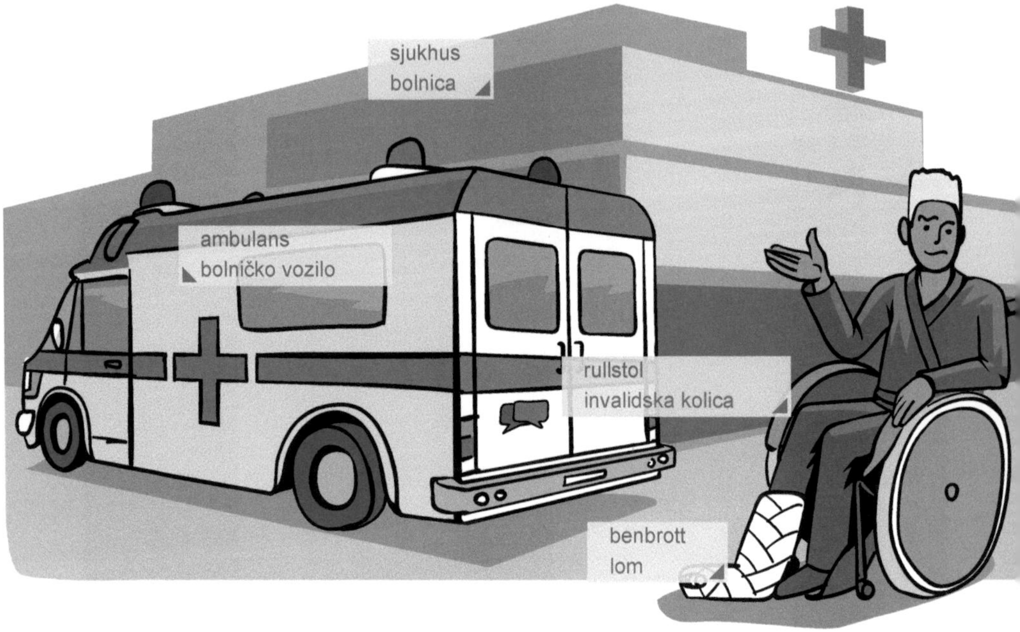

sjukhus
bolnica
ambulans
bolničko vozilo
rullstol
invalidska kolica
benbrott
lom

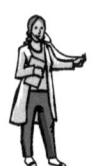

läkare

ljekar

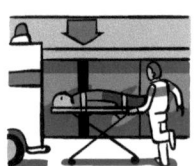

akutmottagning

hitna služba

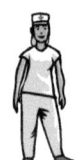

sjuksköterska

medicinska sestra

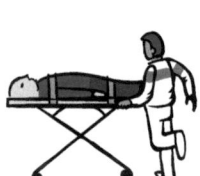

nödsituation

hitna pomoć

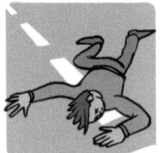

medvetslös

nesvjest

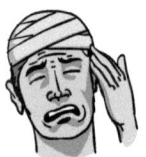

smärta

bol

skada

povreda

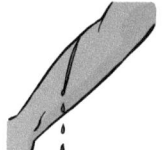

blödning

krvarenje

hjärtattack

srčani udar, infarkt

slaganfall

moždani udar

allergi

alergija

hosta

kašalj

feber

groznica

influensa

gripa

diarré

proljev

huvudvärk

glavobolja

cancer

rak

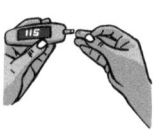

diabetes

dijabetes

kirurg

hirurg

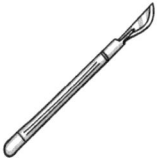

skalpell

skalpel

operation

operacija

CT
CT

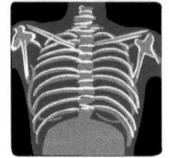

röntgen
rendgen

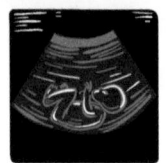

ultraljud
ultrazvuk

ansiktsmask
maska

sjukdom
bolest

väntsal
čekaonica

krycka
štake

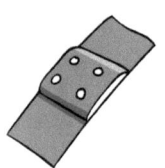

plåster
flaster

bandage
zavoj

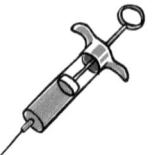

injektion
injekcija

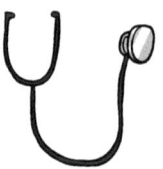

stetoskop
stetoskop

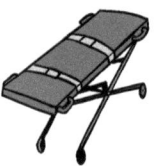

bår
nosilo

termometer
termometar

födsel
porod

övervikt
prekomjerna težina, debljina

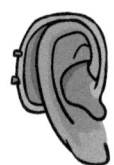		
hörapparat	desinfektionsmedel	infektion
slušni aparat	sredstvo za dezinfekciju	Infekcija

virus	HIV / AIDS	medicin
virus	HIV/ AIDS	medicina

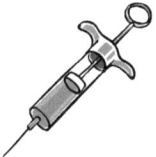	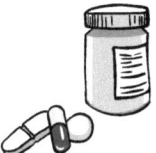	
vaccination	tabletter	p-piller
vakcinacija	tablete	pilula

nödsamtal	blodtrycksmätare	sjuk / frisk
hitni poziv	aparat za mjerenje pritiska	bolestan / zdrav

Hjälp!

Upomoć!

alarm

alarm

överfall

napad, prepad

misshandel

napad

fara

opasnost

nödutgång

izlaz u slučaju opasnosti

Det brinner!

Požar!

brandsläckare

vatrogasni aparat

olycka

nezgoda

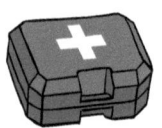

förbandslåda

torba prve pomoći

SOS

SOS

polis

policija

Europa

Europa

Nordamerika

Sjeverna Amerika

Sydamerika

Južna Amerika

Afrika

Afrika

Asien

Azija

Australien

Australija

Atlanten

Atlantik

Stilla Havet

Pacifik

Indiska Oceanen

Indijski okean

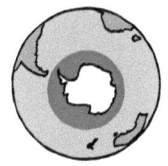

Antarktiska Oceanen

Antarktički okean

Arktiska Oceanen

Arktički okean

Nordpol

Sjeverni pol

Sydpol

Južni pol

Antarktis

Antarktik

Jorden

Zemlja

land

zemlja

hav

more

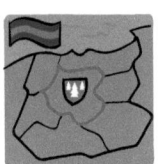

ö

ostrvo

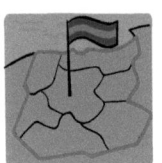

nation

nacija

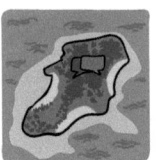

stat

država

urtavla

brojčanik sata

timvisare

kazaljka sata

minutvisare

kazaljka minute

sekundvisare

kazaljka sekunde

Vad är klockan?

Koliko je sati?

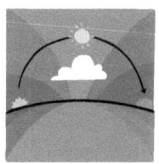

dag

dan

tid

vrijeme

nu

sada

digital klocka

digitalni sat

minut

minuta

timme

sat

vecka
sedmica, nedjelja

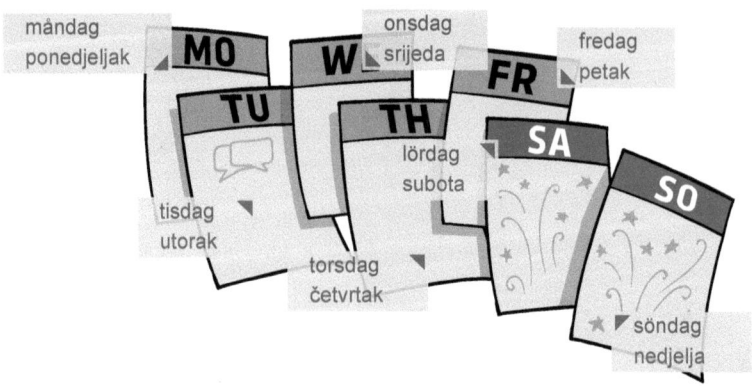

måndag
ponedjeljak

onsdag
srijeda

fredag
petak

tisdag
utorak

lördag
subota

torsdag
četvrtak

söndag
nedjelja

igår

juče

idag

danas

imorgon

sutra

morgon

jutro

middag

podne

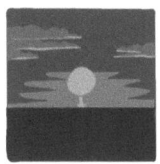

kväll

veče

vardagar

radni dani

helg

vikend

år

godina

regn
kiša
regnbåge
duga
vind
vjetar
snö
snijeg
vår
proljeće
sommar
ljeto
höst
jesen
vinter
zima

4.APRIL 11°
5.APRIL 4°
6.APRIL 13°
7.APRIL 8°
8.APRIL 10°

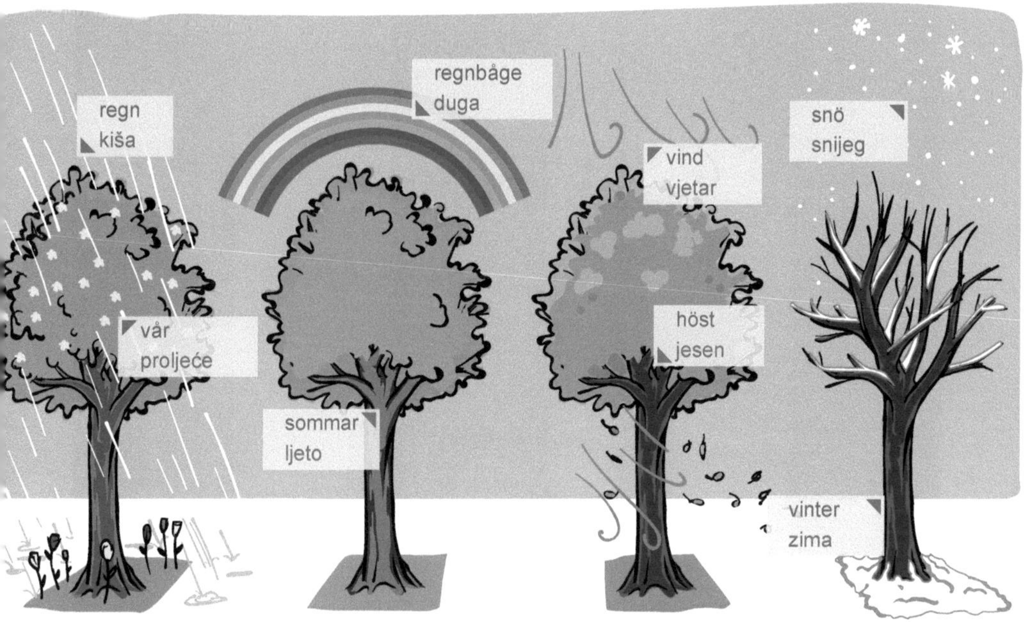

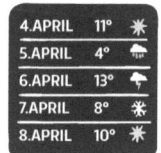

väderprognos

prognoza vremena

F
C
120
90
60
30
0
-30
40
30
20
10
0
-10
-20

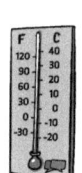

termometer

termometar

solsken

sunčev sjaj

moln

oblak

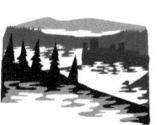

dimma

magla

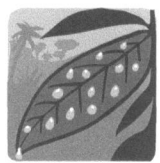

luftfuktighet

vlažnost vazduha

blixt

munja

åska

grom

storm

oluja

hagel

tuča, led

monsun

monsun

översvämning

poplava

is

led

januari

januar

februari

februar

mars

mart

april

april

maj

maj

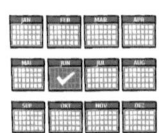

juni

juni

juli

juli

augusti

avgust

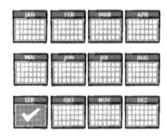

september
septembar

oktober
oktobar

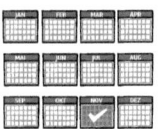

november
novembar

december
decembar

cirkel
krug

kvadrat
kvadrat

rektangel
pravougao

triangel
trougao

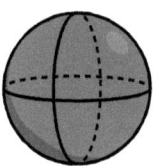

sfär
kugla

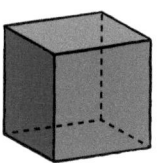

kub
kocka

vit

bjel

gul

žut

orange

narandžast

rosa

pink

röd

crven

lila

ljubičast

blå

plav

grön

zelen

brun

smeđ

grå

siv

svart

crn

mycket / lite

malo / mnogo

arg / lugn

ljutit / miran

vacker / ful

lijep / ružan

början / slut

početak / kraj

stor / liten

veliki / mali

ljus / mörk

svijetlo / tamno

bror / syster

brat / sestra

ren / smutsig

čist / prljav

komplett / ofullständig

potpun / nepotpun

dag / natt

dan / noć

död / levande

mrtav / živ

bred / smal

široko / usko

ätlig / oätlig

ukusno / neukusno

ond / god

zao / prijatan

upphetsad / uttråkad

uzbuđen / dosadan

tjock / smal

debeo / mršav

först / sist

najprije / najkasnije

vän / fiende

prijatelj / neprijatelj

full / tom

pun / prazan

hård / mjuk

trvd / mekan

tung / lätt

težak / lagan

hunger / törst

glad / žeđ

sjuk / frisk

bolestan / zdrav

olaglig / laglig

ilegalan / legalan

intelligent / dum

inteligentan / glup

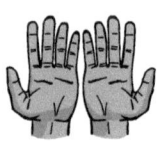

vänster / höger

lijevo / desno

nära / långt bort

blizu / daleko

ny / begagnad

nov / polovan

inget / något

ništa / nešto

gammal / ung

star / mlad

på / av

uključeno / isključeno

öppen / stängd

otvoreno / zatvoreno

tyst / högljudd

tiho / glasno

rik / fattig

bogat / siromašan

rätt / fel

tačno / pogrešno

grov / slät

hrapav / glatak

ledsen / glad

tužan / srećan

kort / lång

kratak / dug

långsam / snabb

spor / brz

våt / torr

mokro / suho

varm / sval

toplo / hladno

krig / fred

rat / mir

0	**1**	**2**
noll	ett	två
nula	jedan	dva

3	**4**	**5**
tre	fyra	fem
tri	četiri	pet

6	**7**	**8**
sex	sju	åtta
šest	sedam	osam

9	**10**	**11**
nio	tio	elva
devet	deset	jedanaest

12

tolv
dvanaest

13

tretton
trinaest

14

fjorton
četrnaest

15

femton
petnaest

16

sexton
šesnaest

17

sjutton
sedamnaest

18

arton
osamnaest

19

nitton
devetnaest

20

tjugo
dvadeset

100

hundra
sto

1.000

tusen
hiljada

1.000.000

miljon
milion

engelska

engleski

amerikansk engelska

američki engleski

kinesisk mandarin

kinesko mandarinski

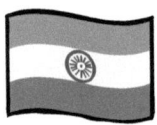

hindi

hindi

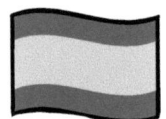

spanska

španski

franska

francuski

arabiska

arapski

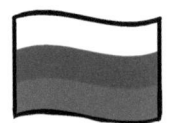

ryska

ruski

portugisiska

portugalski

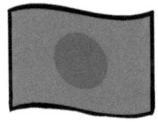

bengali

bengalski

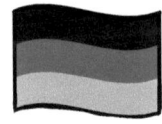

tyska

njemački

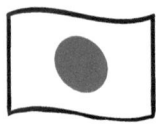

japanska

japanski

jag

ja

du

ti

han / hon / den (det)

on / ona / ono

vi

mi

ni

vi

de

oni

vem?

ko?

vad?

šta?

hur?

kako?

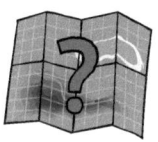

var?

gdje?

när?

kada?

namn

ime

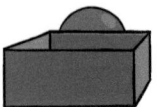

bakom

iza

i

u

framför

pred

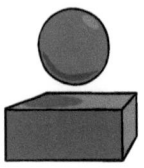

över

iznad

på

na

under

ispod

bredvid

pored

mellan

između

plats

mjesto